Die Schule der 12 Heiligen Nächte

Das Buch

Das Buch entstand aus einer Reihe von PodCasts (Hörbeiträgen), die im Jahr 2010 auf MagiCast, einem Internetportal für spirituelle Beiträge, veröffentlicht wurden. Es enthält den Reisebericht des Autors, der in der Zeit der Rauhnächte zusammen mit seiner Familie unterwegs war, um Erstaunliches zu erleben. Er lernte auf seiner 12-tägigen Reise die vier Elemente auf unkonventionelle Art und Weise kennen und führte dabei Tagebuch, um später darüber berichten zu können.
Dieses Werk ist die Einführung in das Thema der 12 Heiligen Nächte, welches inzwischen um diverse Vorträge auf dem MagiCast-Portal und eine Meditations-CD namens „Die Meditationen der 12 Heiligen Nächte" ergänzt wurde.

Der Autor

Daniel Lindstedt wurde 1976 in Pforzheim geboren. Er studierte Elektrotechnik und Informatik und ist hauptberuflich als Unternehmer im Bereich Internet und Informationstechnologien tätig. Inspiriert durch diverse Erlebnisse gründete er zusammen mit seiner Frau Andrea Lindstedt im Jahre 2010 das Internetportal MagiCast, auf welchem spirituelle Vorträge verschiedener Autoren veröffentlicht werden. Er sieht sich als Mittler zwischen den Welten und möchte seinen Mitmenschen helfen, die sich ebenfalls auf der spirituellen Suche befinden.

Weiterführende Informationen zum Thema erhalten Sie unter: www.magicast.de

Daniel Lindstedt

Die Schule der 12 Heiligen Nächte

FSC
www.fsc.org
MIX
Papier aus ver-
antwortungsvollen
Quellen
Paper from
responsible sources
FSC® C105338

Für meine geliebte Frau Andrea, die
mir stets Inspiration und Ansporn ist.

Eigentlich war es eine Vorweihnachtszeit wie jede andere: Die Straßen hell erleuchtet, die Fenster und Vorgärten der Häuser bunt geschmückt. Die Läden voller Weihnachtsgebäck und auch die ersten Weihnachtsmärkte öffneten ihre Tore.

Doch irgendetwas war anders als sonst. Ich verspürte mehr denn je den Wunsch in mir, die Weihnachtszeit auf eine ganz besondere Art zu begehen. Schon seit Jahren interessierte ich mich für die 12 Heiligen Nächte oder auch Raunächte genannt, der Zeit zwischen dem 25. Dezember und dem 6. Januar. Man sagt, dass die Träume in dieser Zeit eine prophetische Bedeutung haben. Und dass uns jede der 12 Heiligen Nächte somit einen kleinen Einblick in jeweils einen der zwölf Monate des kommenden Jahres gewährt. Allein dieser Gedanke war schon faszinierend. Doch ich wollte diese besondere Zeit nach dem Heiligen Abend dieses Jahr noch bewusster erleben. Ich wollte mich fernhalten von meiner Arbeit, dem Alltagstrott und sonstigen alltäglichen Ablenkungen. Ich wollte mir zusammen mit meiner Familie den Freiraum schaffen, um diese besondere Zeit so intensiv wie möglich zu erleben. Diese Idee trug ich die ganze Adventszeit in mir.

Ich kaufte mir einige Bücher über die 12 Heiligen Nächte. Ich war überrascht, dass es inzwischen doch einige auf dem Markt gab. Als ich vor einigen Jahren Ausschau nach solchen Büchern gehalten hatte, fand ich nur ein einziges, englischsprachiges von Prokofjew, welches zwar auch sehr interessant, aber doch ein wenig zu "spirituell" für einen Neuling wie mich war. Ich kaufte mir darüber hinaus auch ein kleines Heftchen, in dem ich meine Träume aufschreiben wollte und war gespannt, was mir die 12 Heiligen Nächte so offenbaren würden.

Die ersten beiden Adventwochen vergingen ohne besondere Vorkommnisse. Erst in der dritten Adventwoche begann ich zu bemerken, dass da etwas war, das mir in bestimmten Situationen mittels meiner Intuition begann, den Weg zu weisen.

Bei einem Besuch in Freiburg fielen mir die roten Sterne auf, welche dort die Straßen zur Weihnachtszeit zieren. Im Prinzip nichts ungewöhnliches, ich wurde jedoch den Gedanken nicht los, dass diese Sterne irgendwie von Bedeutung waren. Bei dem darauf folgenden Besuch auf dem Weihnachtsmarkt blieb ich an einem Kerzenstand stehen und verspürte das Bedürfnis, mir sieben Kerzen in unterschiedlichen Farben zu kaufen. Nicht, das ich in dem Moment gewusst hätte, was ich mit den Kerzen tun wollte. Ich fand die leuchtenden Farben einfach schön.

In den darauf folgenden Tagen verfolgte mich förmlich die Farbe rot. Rote Früchte, roter Himmel, rotes Feuer: Das Rot und das Feuer. Mehr und mehr wurde aus dem Rot, das ich war nahm, Feuer, das sich mir auf verschiedene Arten präsentierte.

Es war der vierte Advent, als es bei uns anfing zu schneien und der Schnee dank der anhaltenden Kälte sehr schnell Wälder und Wiesen bedeckte. Eines Abends verspürte ich Lust, in unserem Garten mitten im Schnee ein Lagerfeuer zu entfachen, um mich mit einem heißen Tee daneben zu setzen. Zuerst zögerte ich ein wenig, doch je mehr ich darüber nachdachte, desto mehr gefiel mir der Gedanke.

Gesagt, Getan. Also saß ich kurz darauf vor dem prasselnden Feuer, die Kälte im Rücken, den heißen Tee in der Hand und vor mir das Spiel der Flammen. Das Feuer mit allen Sinnen erfahren, ging mir durch den Kopf. Wo sonst könnte man das intensiver als in der Kälte bei Nacht an einem Feuer? Das feurige Farbenspiel, das Knistern des Holzes, der Geruch und Geschmack des Rauches, die wohlige Wärme auf meiner Haut im Kontrast zu der Kälte um mich herum. Das alles ist Feuer. Wohlbehagen in dieser kalten Zeit.

Doch Feuer ist auch Vergehen. Das Holz, das ich verbrannte, stammte von drei alten Fichten, die schon seit meiner Kindheit in unserem Garten standen und die ich im Jahr zuvor fällen lassen musste, da diese drohten, umzufallen. Ich konnte zusehen, wie langsam die Jahresringe des Holzes verbrannten und in den Flammen vergingen.

Jeder Ring ein Jahr, dachte ich. Ein Jahr, das ich mit dem Baum zusammen erlebt habe. Es verbrennt in Sekunden und wird zu Wärme, Licht und Rauch. Und alles, was übrig bleibt, ist ein wenig Asche.

Das Feuer nahm mich in seinen Bann. Plötzlich fielen mir die Kerzen ein, die ich Tage zuvor gekauft hatte. Ich ging ins Haus, um sie zu holen und stellte sie in einigem Abstand rings um das Lagerfeuer auf. Ich entzündete sie und bewunderte mein Werk. Sah irgendwie skurril aus, aber vor allem war es wunderschön. Das Feuer war inzwischen etwas heruntergebrannt, sodass der Schein jeder Kerze einen Lichtkreis auf dem Schnee erzeugte. Es waren dicke Stumpenkerzen aus buntem, ein wenig durchsichtigem Wachs, das sie im Dunkeln in ihren Farben leuchten ließ: rot, orange, gelb, grün, blau, violett und weiß.

Ich beschloss die Kerzen über Nacht brennen zu lassen und erfreute mich des Anblicks der bunten Lichtpunkte im Schnee. Der Schnee, das Feuer und die Farben des Regenbogens. Wo war der Zusammenhang? Ich konnte nicht wirklich einen erkennen. Jedoch fand ich den Feuerzauber in unserem verschneiten, winterkalten Garten wunderschön. So schön, dass ich das ganze am darauf folgenden Abend erneut zelebrierte.

Meine Frau und ich wollten Weihnachten bei ihren Eltern im Norden Deutschlands verbringen. Und so trug es sich zu, dass wir uns einige Tage später auf die mehrstündige Reise dorthin begaben. Aus dem Schnee war inzwischen Regen geworden, der in aufeinander folgenden Schauern auf unsere Windschutzscheibe prasselte, gefolgt von kurzen Momenten Sonnenschein. Das Wetter hatte es nicht unbedingt gut mit uns gemeint, doch verwöhnte es uns im Gegenzug mit einem Schauspiel ganz besonderer Art: fast die ganze Fahrt über waren Regenbögen am Himmel zu sehen. Mal einer, mal zwei übereinander, mal groß, mal klein, mal nur ein Ausschnitt, mal einer von Anfang bis Ende. Wundervoll! So etwas hatten wir bis dahin noch nie gesehen.

Während des Aufenthaltes im hohen Norden hatten wir einige Erlebnisse, die mich der Sache auf die Spur brachten. Die einen ganz sacht, andere sehr direkt.

Vor Jahren hatte ich das Buch "Ich bin dann mal weg" von Hape Kerkeling gelesen und ich erinnerte mich an die Passagen im Buch, in denen das Leben auf diverse Arten zu ihm gesprochen hat, als er sich auf dem Jakobsweg befand. Mal in Form von Dingen, die ihm begegneten oder in Form von Gesprächen mit anderen Personen. Genauso fühlte ich mich gerade. Ständig geschahen Dinge, die irgendwie im Zusammenhang miteinander standen. Oder irgendjemand sagte einen Satz, der für mich gerade in diesem Augenblick eine besondere Bedeutung hatte. Sehr viele dieser Dinge geschahen in den folgenden Tagen und am ersten Weihnachtsfeiertag war ich mir sicher: Die zwölf Heiligen Nächte würden uns nicht nur durch unsere Träume begleiten. Nein, sie würden uns vielmehr bei der Hand nehmen und uns zeigen, was die Welt in ihrem Kern zusammenhält. Es würde ein Reise werden, eingewoben in unser Tagewerk. Eine Reise durch die vier Elemente und die Farben des Regenbogens, eine Reise von Feuer zu Feuer.

Ich konnte es kaum fassen, als mir das ganze beim Abendessen wie ein Licht aufging. Als ich die Puzzlestücke des Tages zusammenfügte und ein Ganzes daraus machte.

„Wow", dachte ich, sollte das wirklich wahr sein? Noch nie war ich so gespannt. Es war wie im Film. Was würde in den folgenden Tagen auf uns zukommen? Welche Erkenntnisse würden wir haben? Von diesem Moment an begann ich alles aufzuschreiben, damit auch ja nichts von dem Geschehenen verloren ginge. Ich wusste nicht, wozu ich dies tue. Aber nun ist die Zeit reif, meine Erlebnisse mit Ihnen zu teilen. Kommen Sie mit auf diese wundervolle Reise ins Land hinter dem Regenbogen.

Tag 1

Feuer ist brennende Kraft

Es war der 24. Dezember und wir waren zu Besuch im Norden Deutschlands bei den Eltern meiner Frau.

Der Schnee hatte hier das Land fest im Griff und lag meterhoch an den Straßenrändern. Die Natur war tiefgefroren und strahlte eine zauberhafte Ruhe aus.

Im Kontrast dazu präsentierte sich mir in den letzten Tagen Feuer in diversen Variationen. "Feuer ist brennende Kraft", war das Motto. Während der Fahrt in den Norden durften wir dies durch unser Auto spüren. Bei der Verbrennung des Treibstoffs wird die in ihm gebundene Kraft frei- und in Bewegung umgesetzt. Feuer ist also auch Bewegung.

Die Regenbögen, die uns auf der Fahrt begleiteten, bis aus dem Regen wieder Schnee wurde, gaben mir zu denken. Es war schon sehr offensichtlich, dass sich uns etwas mitteilen wollte, und dass das alles irgendwie mit Feuer zu tun hat.

Einen Tag zuvor waren wir bei Verwandten und sprachen mit ihnen über die "guten alten Zeiten". Irgendwann kamen wir dabei auch auf die Tanten meiner Frau zu sprechen. Es waren drei Schwestern, von denen jede ganz unterschiedliche Charaktereigenschaften hatte: eine der Tanten hatte zum Beispiel eine Gärtnerei und liebte es, in der Stille vor sich hin zu gärtnern. Sie lebte im Rhythmus der Jahreszeiten mit den immer wiederkehrenden Tätigkeiten, die in der Gärtnerei so anstanden. Aussaat und Züchtung verschiedener Pflanzensorten. Das Jäten der Felder und das Ernten der Früchte. Alles zu seiner Zeit und alles in einem festen Rhythmus. Ihr ganzes Leben war geprägt von recht starren Strukturen und einer gewissen Passivität.

Die zweite der Schwestern war das komplette Gegenteil der ersten. Sie war das Temperament in Person. Alles hatte nach ihrer Pfeife zu tanzen und sie hielt die ganze Familie auf Trab. Die dritte Schwester war sehr anpassungsfähig und ein Vermittler zwischen diesen beiden Welten. Sie half, wo sie konnte und versuchte, einen Ausgleich zu schaffen. Was mich als erstes beschäftigte, war die Tatsache, dass jede der Tanten in ihrer Art so extrem war und nach all den skurrilen Begebenheiten der Vortage fragte ich mich, was mir die Geschichte der Tanten wohl sagen wollte.

So langsam begann es mir zu dämmern, aber noch hielt ich das alles für sehr an den Haaren herbeigezogen. Ich dachte mir, erinnert ein wenig an die vier Elemente. Grete, die Gärtnerin, war wie das Element Erde. Sie liebte Strukturen. Maria, die zweite Schwester, war wie das Element Feuer. Sie war voller Bewegung. Und Anna war wie Wasser, welches Bewegung und Struktur in sich vereint und sich der Umgebung anpasst.

Hmm, dachte ich, da ist nun also nicht nur das Feuer, sondern auch sein Gegenteil, die Erde und das Wasser als die Vereinigung von beidem. Und weiter…?

Es war der Tag vor Heiligabend, als wir zur Feier des Tages ein Familienessen in einem wundervollen Seerestaurant veranstalteten.

Neben dem gefrorenen See und der zauberhaften Winterlandschaft weckte die Toilette des Seerestaurants meine Aufmerksamkeit. Genauer gesagt, die Kacheln an der Wand über den Waschbecken. Diese waren mit einem Muster aus vier Symbolen verziert: einem fünfzackigen Stern, einer stilisierten fünfblättrigen Blüte, einem Fisch und einem Kringel in Form einer Schneckennudel.

Ich dachte mir, wie neckisch. Das könnte man tatsächlich als Symbole für die vier Elemente betrachten:

Der Stern steht für das Feuer
Die Blüte steht für das Element Erde
Der Fisch für Wasser
und der Kringel für das Element Luft

Na, wenn das mal keine Bestätigung für meine Vermutung ist, dass sich außer dem Feuer auch die anderen Elemente mitteilen wollen, dachte ich.

Das Essen und der Wein waren fabelhaft und wir verließen das Restaurant voller Zufriedenheit. Mit auf den Weg nahmen wir uns einige sündhaft teure Zigarren, welche man in der Bar des Restaurants erstehen konnte. Wohl gesättigt saßen wir am Abend bei einem Tässchen Kaffee zusammen am Küchentisch und plauderten.

"Ihr kennt den Farbkreis von Itten nicht?", ging es mir immer wieder durch den Kopf. Unser Sohn, gelernter Malermeister, brachte den Stein ins rollen, indem er meiner Frau und mir während eines Gespräches über Raumgestaltung diese Frage stellte.
Er klärte uns angesichts unserer fragenden Minen sofort auf und erzählte, dass der Farbkreis von Itten ein Kreis ist, der alle Grundfarben und ihre Mischfarben enthält und mit dessen Hilfe man auf einfache Weise optisch zueinander passende Farben ermitteln kann. Während seiner Erklärungen hatte ich ständig die Frage im Kopf, wo die Lücke im Farbkreis sei. Gleichzeitig wunderte ich mich über meinen Gedanken: was für eine Lücke? Es ist doch ein Kreis!...
Aber dann dachte ich an die Regenbögen und merkte, dass im Farbfrequenzspektrum die Farbe Rot eben nicht neben Violett liegt, sondern dass die beiden Farben am jeweils anderen Ende der Farbskala zu finden sind. Mit dieser Erkenntnis trat ich dann die Lawine los und plötzlich passte alles zueinander: das Feuer, die Regenbögen, die vier Elemente und die 12 Heiligen Nächte.

Schnell nahm ich ein Stück Papier und einen Stift zur Hand und begann zu schreiben. Was zum Schluss dabei raus kam, sah aus wie das Ziffernblatt einer Uhr, auf dem Daten, Farben, Elemente und Symbole eingezeichnet waren.
Der Übersichtlichkeit halber übertrug ich das ganze noch in eine Tabelle und staunte nicht schlecht, als sich mir dadurch der Stundenplan für die nächsten 12 Tage offenbarte.

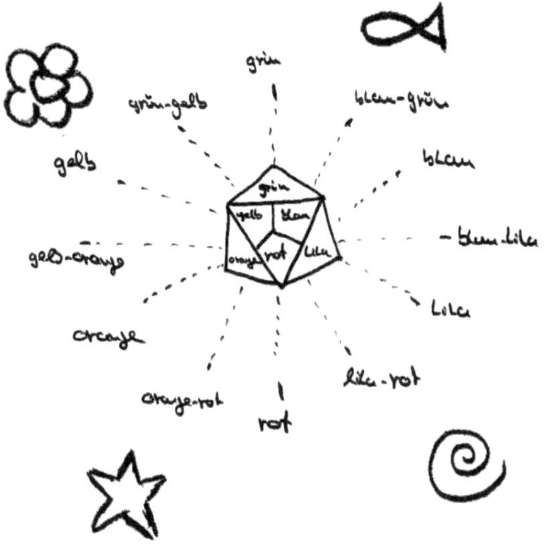

grün
grün-gelb
blau-grün
gelb
blau
grün
gelb blau
orange rot lila
– blau-lila
gelb-orange
Lila
orange
lila-rot
orange-rot
rot

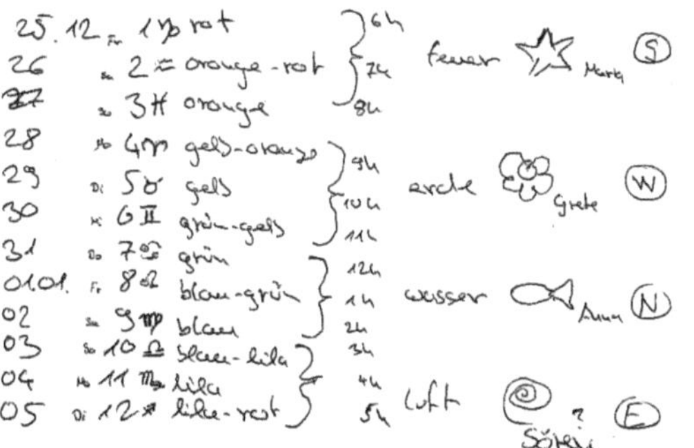

25.12 Fr 1 ♑ rot   } 6h
26   „ 2 ♒ orange-rot   } 7h   Feuer ⭐ Marta Ⓢ
27   „ 3 ♓ orange   } 8h
28   „ 4 ♈ gelb-orange   } 9h
29   Di 5 ♉ gelb   } 10h erde 🌸 Grete Ⓦ
30   „ 6 ♊ grün-gelb   } 11h
31   „ 7 ♋ grün   } 12h
01.01. Fr 8 ♌ blau-grün   } 1h   Wasser 🐟 Anna Ⓝ
02   „ 9 ♍ blau   } 2h
03   So 10 ♎ blau-lila   } 3h
04   „ 11 ♏ lila   } 4h   Luft 🌀 ? Ⓔ
05   Di 12 ♐ lila-rot   } 5h   Sören

Nun war ich mir sicher: jeder der folgenden Tage würde unter dem Motto eines Elementes stehen und Erfahrungen und Erlebnisse für uns bereithalten, welche uns einen Blick hinter den Vorhang, in die Welt der Elemente, schenken würde. Wir würden eingeweiht werden in ein Wissen, das schon immer da war, jedoch nur jenen zugänglich ist, die suchen und bereit sind, ihrer inneren Stimme zu lauschen und dem Weg zu folgen, der sich vor ihnen auftut.
Laut meinem Plan würde die Reise von Feuer nach Erde, von Erde zu Wasser und von Wasser zu Luft gehen.
Nun hab ich es endlich begriffen, dachte ich, und war begeistert. Es war wie im Film und ich konnte mir gar nicht vorstellen wie das laufen sollte. Ich war einfach nur gespannt.

Die erste Lektion in Sachen Feuer hatten wir in den vorangegangenen Tagen schon erhalten, ohne von den noch folgenden Lektionen zu wissen. "Feuer ist brennenden Kraft" war das Motto der ersten Lektion und ROT die zugehörige Farbe. Feuer ist Wärme, ist Vergehen, ist Bewegung. Feuer ist das erste in der Reihe der vier Elemente. In ihm ist das volle Potential zur Entfaltung und alle Möglichkeiten enthalten. Im Element Feuer steckt die Energie für alles.

Für mich war die Sache mit den vier Elementen immer ein Buch mit sieben Siegeln gewesen, mit der ich mich nicht näher befasst hatte. Doch ich war begeistert von den Einblicken der letzten Tage und war gespannt wie es weitergeht.

Tag 2

Aus Hackepeter wird ...

Fasziniert von der Erkenntnis des Heiligen Abends stand ich mit unserem ältesten Sohn draußen auf dem verschneiten Balkon und genoss den Blick über die winterliche Landschaft. Wir plauderten über dies und das und haben das ganze mit einer der exklusiven Zigarren aus dem Restaurant gekrönt und dazu einen guten Whiskey genossen. Feuerwasser und Rauch - wie sonst könnte man dem Element Feuer angemessen huldigen dachte ich. Das ganze ist fast schon eine Art Ritual. Wir nehmen das Element Feuer in uns auf. Aber auch bei dem vorangegangenen, mehr als üppigen Festmahl taten wir im Prinzip nichts anderes, als das Element Feuer in uns aufzunehmen. Es ist letztendlich die in der Nahrung gespeicherte Kraft der Sonne, die wir in uns aufnehmen und für uns verwerten.
Unsere Schwiegertochter alberte an diesem Tag mit unserer kleinen Tochter herum und wiederholte immer und immer wieder den Spruch "Aus Hackepeter wird Kacke später".
Nicht, dass ich den Spruch als literarisch wertvoll erachten würde, aber seine ständige, fast mantrische Wiederholung brachte mich zum Nachdenken.
Was will mir das schon wieder sagen?
Es ging um den Nahrungskreislauf. Die Energie, die wir aus unserer Nahrung beziehen, stammt letztlich von der Sonne. Und sowohl unsere, als auch die Ausscheidungen aller anderen Lebewesen auf Erden, werden zu Humus und bilden dadurch die Grundlage für das Wachstum von Pflanzen. Diese nehmen die Nährstoffe und vor allem Stickstoff auf, um durch Photosynthese das in der Luft vorhandenen Kohlendioxid z.B. in Zucker oder Stärke umzuwandeln. Die Pflanzen machen dadurch die Lichtenergie der Sonnen für andere Lebewesen nutzbar. Diese fressen dann entweder die Pflanzen, um ihren Energiebedarf zu decken, oder andere Lebewesen, deren Körper jedoch letztlich auch aus Gewebe besteht, welches über die Nahrungsaufnahme aus der Energie der Sonne gebildet wurde. Es geht keine Energie verloren. Es findet immer nur eine Umwandlung der Energie statt. Es ist ein Kreislauf.

Der 25. Dezember war auch der Tag unserer Heimreise, die zwar nicht von Regenbögen begleitet, aber dennoch gespickt war mit kleinen Ereignissen, welche uns die Spielregeln für die kommenden Tage näher bringen sollten.

Insbesondere lernten wir, dass alles, aber auch wirklich alles, was in den kommenden Tagen geschieht, zum Schauspiel der 12 Heiligen Nächte gehören sollte. Alles, was uns begegnete und alles, was wir taten, bewusst oder unbewusst, gehörte dazu.

Schon morgens vor dem Badezimmerspiegel entdeckte ich einen Hinweis. Der Schriftzug meines T-Shirts, auf dem "Eastern Takoma Seventeen" stand, las sich, da ein Teil des Textes durch Falten verdeckt war, wie: „Stern O 99".

Wenn man das O mit Osten deutet und 99 als die Zahl des Göttlichen sieht, könnte man daraus "Folge dem Stern im Osten bis hin zum Göttlichen" lesen. Klingt irgendwie nach den Heiligen 3 Königen, die dem Stern folgend zum Christuskind pilgerten, dachte ich und sah das als eine Bestätigung, dass unsere Lehrreise bis zum Dreikönigstag am 6. Januar andauern würde.

Da es der erste Weihnachtsfeiertag war, gab es an den Autobahnraststätten Geschenke. Darunter auch eine Flasche weißen und eine Flasche roten Wein, sowie eine honiggelbe und eine rote Kerze. Darüber hinaus fand ich an einer Raststätte drei Wertcoupons, die jemand dort versehentlich liegen gelassen hatte und die ich freudig entzückt direkt in Kaffee eintauschte. In mich hineingrinsend dachte ich noch: die Toilettenbesuche der letzten Tage hatten mir doch eine erstaunlich Anzahl an Erkenntnissen gebracht. Ob das auch ein Hinweis auf das Tagesmotto sein sollte, sei mal dahingestellt.

Dankbar nahmen wir die Geschenke an und sammelten weiter die Puzzelstückchen des Tages. Wir entdeckten auf der Fahrt zum Beispiel viele Wortspiele auf Schildern am Straßenrand und den Nummernschildern der Fahrzeuge um uns herum, die irgendwie zu den Dingen zu passen schienen, über die meine Frau und ich uns gerade unterhielten. Sehr ansprechend war auch eine riesige Werbetafel von www.gott.net, auf der ganz theatralisch stand: "Ich habe dich gewählt".

Zuhause angekommen, entzündeten wir die beiden Kerzen und tranken von dem roten und dem weißen Wein, passend zu den Farben des Tages, denn es war der Übergang von Rot zu Orange.

Was mich ein wenig überraschte, war die Tatsache, dass ich, obwohl wir tagsüber so viele faszinierende Dinge erlebten, nachts so gut wie nichts träumte und kaum etwas hatte, was ich in mein Traumtagebuch schreiben konnte.

Da habe ich mich nun so intensiv auf die besinnliche Weihnachtszeit vorbereitet und wollte ganz in Ruhe meinen Träumen lauschen und bekam stattdessen eine Lektion der besonderen Art auf der Überholspur des Lebens. Ich hatte versucht, mir die Zeit der 12 Heiligen Nächte so gut es ging von alltäglichen Verpflichtungen und Terminen frei zu halten, doch wie es der Zufall will, kamen einige Dinge zusammen, die dieses Vorhaben auf raffinierte Weise untergruben und uns neben einer besinnlichen auch eine im wahrsten Sinne des Wortes bewegte Weihnachtszeit bescheren sollten.

Die Fahrt zu den Eltern meiner Frau war zwar schon länger geplant, jedoch hatte eine Terminüberschneidung im November dafür gesorgt, dass wir eine Reise an den Bodensee um einige Wochen verschieben mussten. Der Termin fiel dann aus Mangel an Alternativen auf den zweiten Weihnachtsfeiertag, was bedeutete, dass wir genau eine Nacht zuhause verbrachten, bevor es weitergehen sollte nach Lindau am Bodensee.

Tag 3

Energie ist zeitlose Unendlichkeit
Materie ist kondensierte Energie

Zweiter Weihnachtsfeiertag. Nach einem kurzen Aufenthalt bei uns zuhause und Kofferumpacken ging die Reise weiter nach Lindau am Bodensee. Wir wollten uns dort einen kleinen Wellnessaufenthalt gönnen, um nach den vorangegangenen, ziemlich strapaziösen Monaten ein wenig zu entspannen.

Laut „Stundenplan" waren wir noch im Element Feuer, danach wäre das Element Erde an der Reihe. Ganz klar war mir nicht, wieso diese Lektion gerade an einem See stattfinden sollte, der doch eher etwas mit dem Element Wasser zu tun haben könnte.

Auf der Fahrt nach Lindau sahen wir, passend zur Farbe des Tages, einen feurigorangefarbenen Sonnenuntergang und hatten ein Erlebnis, welches man durchaus als Ausdrucksform des Feuers deuten könnte. Auf der Landstraße fuhren zwei Fahrzeuge vor uns. Der Fahrer des Fahrzeugs vor uns rückte seinem Vordermann recht eng auf die Pelle, um ihn auf diese Weise zum schnelleren Fahren zu motivieren. Ohne Erfolg. Nach einiger Zeit jedoch warf der Fahrer des vordersten Fahrzeugs plötzlich seine noch brennende Zigarettenkippe aus dem Fenster, welche durch den Fahrtwind abgelenkt wurde und auf die Windschutzscheibe des immer noch eng dahinterfahrenden Fahrzeugs prallte. Man konnte im Dunkeln die orangefarbenen Funken davonstoben sehen. Das Fahrzeug vor uns wurde für einen Moment langsamer, um danach jedoch mit Vollgas das erste Fahrzeug zu überholen und es auszubremsen.

Ich kam mir wieder einmal vor wie im Film. Langsam rollten wir auf die Szenerie zu, kamen ebenfalls zum stehen. Vorsichtshalber hielten wir ein wenig Abstand. Der Fahrer, der überholt hatte, stieg laut brüllend und wild gestikulierend aus seinem Auto und baute sich vor der Fahrertür des vordersten Fahrzeugs auf, um dem Fahrer gehörig die Meinung zu geigen. Doch dieser blieb zum Glück besonnen sitzen und ließ die Hasstiraden über sich ergehen. Puh, dachte ich, zum Glück sind keine Waffen im Spiel.

Als die Emotionen einige Augenblicke später ein wenig abgekühlt waren, ließ der Zigarettenwerfer die Scheibe herunter und entschuldigte sich bei seinem Gegenüber, so dass wir alle unsere Reise fortsetzen konnten.

Mit Feuer ist nicht zu spaßen, schloss ich daraus. Besonders dann nicht, wenn sich das Feuer in Form von aufbrausenden Emotionen Ausdruck verleiht. Die Ungeduld und Provokation des einen Fahrers hat zu einer Gegenprovokation des anderen Fahrers geführt, worauf diesem der Kragen geplatzt ist. Wäre der Zigarettenkippenwerfer dann nicht so besonnen gewesen, hätte das ganze durchaus eskalieren können. Da lobe ich mir das Motto: Der Klügere gibt nach.

Im Hotel in Lindau angekommen, wurden wir auf dem Zimmer mit einigen Leckereien begrüßt. Darunter auch passend zu den Farben des Tages zwei rot-orangefarbige Äpfel.

Während wir uns ein wenig von der Fahrt ausruhten, sinnierten wir über die Dinge, die uns sonst noch so auf der Fahrt begegnet sind.

Es war der letzte Tag des Elementes Feuer und der Aufhänger für die heutige Erkenntnis war ein Schriftzug, den ich mehrmals auf der Fahrt gesehen hatte und dessen Buchstaben für mich merkwürdig versetzt erschienen. Das markante Wort lautete "belloo".

Zuletzt habe ich es mit zwei "o" geschrieben gesehen. Für mich fühlten sich die Buchstaben irgendwie paarweise gruppiert an, sodass aus dem Wort folgendes zu entnehmen war: "be" - das englische Wort für "sein", zwei senkrechte, zueinander parallele Striche, die in der Elektrotechnik für die logische Verknüpfung "oder" stehen und zwei „O", welche man als liegende Acht und als Zeichen für Unendlichkeit deuten könnte.

„Sein oder Unendlichkeit" war die Aussage dieses Wortes und die Bedeutung war einfach umwerfend: Bewusstsein schließt Unendlichkeit aus. In der Unendlichkeit kann kein Bewusstsein herrschen.

Wir waren am letzten Tag des Feuers angekommen und uns wurde gezeigt wie der Übergang in das Element Erde stattfindet. Das Element Feuer und dessen Energie ist zeitlose Unendlichkeit. Und Materie ist kondensierte Energie. Einstein hat dies in seiner revolutionären Formel zum Ausdruck gebracht: $E = mc^2$.

Materie ist Energie, welche durch Raum und Zeit begrenzt wird und dadurch die Basis für Bewusstsein schafft. Allerdings hat Materie kein eigenes Bewusstsein, sondern ist immer nur die Spiegelung, oder besser gesagt, die Projektion von etwas. Sehr anschaulich wurde uns dies präsentiert, als sich bei Mondschein die Alpen im Bodensee spiegelten. Nun begriff ich auch, weshalb uns das Element Erde am Bodensee in Empfang nehmen wollte. Diese Erkenntnis sagt genau das aus, was vielen spirituellen Lehren zugrunde liegt: mit unseren Gedanken und Emotionen erschaffen wir unsere Welt. Diese sind Ursache für unsere Krankheiten und alle Dinge, die uns auf dem Lebensweg begegnen. Schaffen wir Ordnung in unseren Gedanken und Emotionen, so schaffen wir Ordnung in unserem Leben. Unsere Körper sind die materiellen Vehikel unseres Geistes und spiegeln dessen mentalen und emotionalen Zustand wider. Ist unser Geist gesund, so ist es auch unser Körper.

Wie passend war es doch da, dass wir gerade unseren zweitägigen Wellnessaufenthalt angetreten hatten, bei dem wir den schönen Seiten des Lebens frönen und sowohl Körper als auch Geist verwöhnen lassen wollten.

Das Element Feuer hat uns die letzten Tage gut auf Trab gehalten und uns einen Einblick in sein Wesen gewährt. Nun nahm uns das Element Erde freudig in Empfang und wir waren gespannt, was es uns die kommenden Tage lehren würde.

Tag 4

Wo Licht ist, da ist auch Schatten

Nach der Bewegung der letzten Tage kamen wir heute endlich ein wenig zur Ruhe. Wir sind im Element Erde angekommen. Dieses ist das genaue Gegenteil seines Vorgängers Feuer: es ist Ruhe und Struktur. Und genau so war auch unser Tagesablauf, ruhig und strukturiert.

Den neuen Tag begannen wir gemeinsam am Fenster unseres Zimmers stehend, vor uns der goldgelbe Sonnenaufgang über den Alpen und dem Bodensee. Fast schon meditativ nahmen wir die goldenen Strahlen der Sonnen in uns auf. Orangegelb bzw. -gold sollte auch die Farbe des Tages sein und wie zur Bestätigung standen zwei Flaschen Gold-Apfelsaft auf unserem Frühstückstisch.

Das Goldgelb der Sonne ist die Manifestation der Energie des Elements Feuer in der materiellen Welt. Es ist das Goldgelb, welches wir wahrnehmen, wenn wir uns auf unseren Solarplexus konzentrieren. Es ist die Farbe der Energie, welche unseren Körper aus der astralen Welt speist.

Wenn sich Licht auf einer Oberfläche aus Gold spiegelt, so ist dies spürbar. Es ist, als würde einen das goldene Licht umgarnen. Es ist mehr als nur der optische Eindruck. Es ist ein Gefühl von Geborgenheit.

Doch wo Licht ist, da ist auch Schatten. Und das Sinnbild für das Gegenteil des Lichts sollte heute der Stein sein. Steine fielen mir heute in allen Situationen besonders auf und so zogen wir los und sammelten bei einem Spaziergang entlang des Bodensees einige Steine. Der Wasserpegel war recht niedrig. Steine, die meistens unter Wasser lagen, kamen nun am Ufer des Sees zum Vorschein.

Es war wundervoll sonniges Wetter, beinahe frühlingshaft und die Sonne glitzerte im flachen Wasser, das die Steine umgab. Die Präsenz der Alpen war deutlich spürbar und es war fast so, als würde sich nicht nur das Bildnis der Alpen, sondern auch deren unglaubliche Masse im See widerspiegeln. Es war fast so, als würde der See zwischen uns und den Alpen als Verstärker fungieren und die Steinmassen auf diesem Wege für uns spürbar machen. Die Stimmung war überwältigend.

Wir wussten wie sich das Element Feuer anfühlt und nun kannten wir auch das Gefühl von Erde. Pure Struktur und gewaltige, kaum zu erfassende Masse.

Um die Erfahrung abzurunden, erwärmten wir abends die gesammelten Steine auf dem Kamin und legten uns diese auf die Chakren auf. Es fühlte sich an, als ob sich uns die Steine durch die von ihnen ausgestrahlte Wärme mitteilen würden. Als würde auch die Wärme als Verstärker dienen, um uns das Wesen der Steine zugänglich zu machen.

Ich hatte mir zu Beginn unserer Weihnachtstour einen Regenbogenobsidian umgehängt, der heute auch besonderen Bedeutung erhalten sollte. Dabei handelt es sich um einen schwarzen Stein, welcher in den Farben des Regenbogens schimmert, wenn das Licht günstig auf ihn fällt. Auch er offenbart seine Schönheit nur unter günstigen Bedingungen. Ansonsten wirkt er eher unscheinbar.

Als Pendant dazu hatte ich durch Zufall auch eine künstliche Perle mit mir. Auch diese schimmerte in den Farben des Regenbogens, ihre Grundfarbe war jedoch weis. Auch hier verhielt es sich wie Licht und Schatten.

Die Perle gehörte eigentlich zu einem Weihnachtgesteck, welches wir meiner Mutter vor unserer Reise als Dankeschön dafür überreichten, dass sie sich während unserer Abwesenheit um unsere Haustiere kümmert. Eine der Perlen fiel beim Transport aus dem Gesteck, und da ich nicht wusste wohin damit, habe ich sie einfach mal eingesteckt und dann aber vergessen. Mir fiel Sie erst wieder ein, als wir den Bahnhof Lindaus besichtigten.

An der Decke des Bahnhofes hängt ein riesiger 12-armiger Kronleuchter. Und am Ende jedes Armes war eine große weiße Glaskugel angebracht. Perlengleich strahlten die Glaskugeln Ihr diffuses Licht über die Bahnhofshalle.

Die Sache mit den Perlen erschien mir maximal suspekt und so versuchte ich mich in der Deutung der Zeichen. Perlen entstehen in einer Muschel durch viele übereinander liegende Perlmutablagerungen um ein Sandkorn herum. In einem langsamen Prozess entsteht die Schönheit.

Für mich waren der Regenbogenobsidian und die Perle Sinnbild dafür, wie wir in den 12 Heiligen Nächten, die Farbskala des Regenbogens durchschreiten würden und wie bei der additiven Farbmischung würde dadurch Stück für Stück aus vormals schwarz, strahlend helles weiß entstehen. Das klang irgendwie gut und machte sogar Sinn.

Die Lektionen, die uns die Elemente bescherten waren ein Geschenk an uns und so hielten wir es für angebracht uns bei den Elementen oder besser gesagt den Elementarwesen der Elemente zu bedanken. Beim Element Feuer haben wir dies eher unbewusst gemacht. z.B. durch das verbrennen des Tabaks. Beim Element Erde wollten wir uns nun bewusst bedanken und da die Elementarwesen des Elements Erde bekanntermaßen auf Glitzerkrams stehen, haben wir die Perle zusammen mit einer Blüte, dankend unter zwei großen Bäume vor dem Lindauer Leuchtturm gelegt.

Der Regenbogenobsidian war eine Art Talisman, welcher uns durch die 12 heiligen Nächte begleiten sollte. Uns führen sollte von Farbe zu Farbe, von Element zu Element, von Feuer zu Feuer.
Morgen sollte der letzte Tag unseres Aufenthaltes am Bodensee sein und der Zenith der Reise durch das Element Erde. Das Motto des Tages stand heute schon fest.
Es hieß: "Leben"
Denn Leben ist nur am Übergang zwischen Licht und Schatten möglich.

Tag 5

Leben

Weder ausschließlich im Licht noch ausschließlich im Schatten kann Leben existieren. Es ist die Schnittmenge zwischen Feuer und Erde, die Leben erst möglich macht. Es braucht beide Teile, damit Leben entsteht. Leben kann unterschiedliche Formen annehmen und auch für uns scheinbar tote Materie lebt. Es kommt ganz darauf an wie man das Wort Leben definiert. Aber heute sollte es erst einmal um organisches Leben gehen.

Wie im Großen so im Kleinen, lautet ein alchemistischer Grundsatz. Und die Regeln, die im Mikroskopischen gelten, lassen sich auf das Makroskopische übertragen. Doch wie entsteht organisches Leben aus vormals toter Materie?
Da scheint es drei Stufen zu geben, welche durchwandert werden müssen, bevor Leben, so wie wir es landläufig verstehen, entstehen kann:
Da gibt es die atomare Ebene, auf welcher die Bausteine unserer materiellen Welt in Form von einzelnen Atomen entstehen.
Und die Molekulare Ebene, auf welcher sich mehrere unterschiedliche Atome zu Molekülen zusammenfügen, wodurch neue Stoffe entstehen. Für die Eigenschaften des neuen Stoffes ist dabei sowohl die Verbindung der Atome untereinander als auch deren räumliche Anordnung entscheidend.
Und dann existiert da noch die zellulare Ebene, auf der sich unterschiedlichste Moleküle wie beispielsweise Aminosäuren zusammenschließen, um eine Art Lebensgemeinschaft in Form einer Zelle zu bilden. Hier auf der zellularen Ebene beginnt Materie plötzlich zu Leben. Schon eine einzige Zelle lebt. Sie hat einen Stoffwechsel und kann sich teilen, womit die Voraussetzungen erfüllt sind, um in die Kategorie „lebend" eingestuft zu werden. Doch wann genau geschieht das Wunder? Wann wird der vormals toten Materie Leben eingehaucht? Eine sehr diffizile Frage. Gibt es diesen Punkt denn überhaupt? Oder ist es vielmehr ein kontinuierlich fortschreitender Prozess, bei dem sich die Materie ihrer selbst immer mehr bewusst wird?

Schon früh am Morgen beschäftigten uns Fragen dieser Art und wir sinnierten darüber und achteten auf die Zeichen, die sich uns darboten.

Die Farbe des Tages war gelb und irgendwie schien Honig als Elexier des Lebens eine Rolle dabei zu spielen, da dieser heute auf unserem Frühstückstisch besonders präsent war. In den Waben der Bienen entsteht Leben. Und der Honig ist die Grundlage dafür. Honig wird von den Bienen aus Blütenpollen gewonnen, welche diese sammeln und dabei sozusagen als Gegenleistung die Blüten der Pflanzen befruchten. Die Süße des Honigs spiegelt quasi die Wärme des in ihm gebundenen Sonnenlichts wieder und ist somit Ausdruck purer Lebenskraft. Nicht umsonst haben die Schönen und Reichen in alter Zeit in Milch und Honig gebadet.

Schon seit unserer Ankunft am Bodensee fielen mir die Spatzen auf, die sich vor unserem Hotel in kleinen Grüppchen dankend auf jeden Krümel stürzten, der zu Boden fiel. "Macht es wie die Spatzen" lautete die Devise, die mir plötzlich in den Sinn kam. Wie das wohl gemeint ist? Was machen denn Spatzen überhaupt? Während ich mir das Treiben ansah, hielt ich fest, dass Spatzen sich die Nahrung, welche ihnen zufällt, nicht aufbewahren, sondern an Ort und Stelle verspeisen, und zwar alle gemeinsam. Alle picken so lange auf dem Bröckchen Brot herum, bis es weg ist. Kein Spatz würde auf die Idee kommen wie ein Eichhörnchen Vorräte anzulegen. Spatzen leben sozusagen im Fluss. Sie vertrauen intuitiv darauf, dass sich alles fügen wird, das sie nicht hungern müssen. Ein interessanter Leitsatz. Aber lässt er sich so einfach auf unser Leben übertragen? Wir nahmen uns vor, diesen Leitsatz zu verinnerlichen und zu versuchen, in den kommenden Tagen nach ihm zu leben.

Und wieder einmal wie zur Bestätigung ließ uns das Thema Spatz den ganzen Tag nicht los. Hinter dem Lindauer Bahnhof existiert eine Fabrik für den Bau von Skulpturen aller Art. Wir sahen uns in dem zugehörigen Laden um und durften sogar einen Blick in die Produktion werfen. Wir staunten nicht schlecht, als wir sahen, was dort hergestellt wurde: es waren mannsgroße Spatzen, die gerade für eine Veranstaltung produziert wurden.

Wir selbst haben uns einen kleinen goldenen Löwen und einen Steinkauz gekauft und bekamen (wie soll es auch anders sein) einen kleinen weißen Spatz geschenkt. Ich grinste wieder mal in mich hinein und war begeistert, wie alles immer zusammenpasste.

Es dauerte nicht lange, da wurden wir auch schon auf die Probe gestellt. Aufgrund einer Sonderaktion wurde uns beim Auschecken im Hotel ein nicht unerheblicher Betrag gutgeschrieben und weil immer noch Weihnachten war, bekamen wir zum Abschied ein Präsent in Form eines Brotes und einigen Pralinen überreicht.

Wenn das mal kein Hinweis auf die Sache mit den Spatzen ist, dachte ich. Also haben wir kurzerhand das gesparte Geld geteilt und die eine Hälfte einer Kinderhilfsaktion gespendet.

Interessanterweise gab es an diesem Tag noch mehrere Ereignisse, bei denen wir etwas geschenkt bekamen oder gefunden haben. An einer Raststätte fand ich wieder mal einen Wertcoupon und habe diesen dann in ein paar Kekse getauscht. Die eine Hälfte futterte vergnügt unsere kleine Tochter, die andere Hälfte bekamen die Spatzen auf dem Parkplatz um uns herum.

Auf der Heimfahrt lotste uns eine Umleitung an der Stadt Ulm vorbei, deren Münster schon von weiten zu sehen war. Wäre mir der Turm des Münsters nicht so imposant vorgekommen, hätte ich beim Vorbeifahren vermutlich keine Notiz von der Stadt genommen. Doch das Gefühl, das bei der Betrachtung des Turms in mir aufkam, war ähnlich beklemmend wie das Gefühl der Alpen. Es fühlte sich an, als würde durch den Turm eine Art Energie fließen. Das alleine war schon interessant, aber dann fielen mir plötzlich die *Ulmer Spatzen* ein, der Name des berühmten Kinderchors. Oh, dachte ich, was für eine Übereinstimmung. Ich glaube, da sollten wir hin.

Nun war es aber schon dunkel und recht spät am Abend und wir beschlossen, erst am morgigen Tage der Stadt Ulm und ihrem Münster einen Besuch abzustatten.

Tag 6

Der Keim

Das Programm für den heutigen Tag stand im Prinzip schon fest. Es sollte nach Ulm gehen. Weshalb genau, wussten wir nicht, aber wir vertrauten darauf, dass sich uns die entscheidenden Information rechtzeitig offenbaren würden. Es war der letzte Tag des Elements Erde und die Farbe des Tages war Gelb-Grün, die Farbe irdischen Lebens und der Keimung.

Schon morgens vor dem Frühstück versuchte sich mir ein Muster mitzuteilen. Eine dreidimensionale Form, bestehend aus zwei ineinander verdrehten Achten. Und es teilte sich noch mehr mit: diese Form sollte ein Modell des Energieflusses der Elemente darstellen.
Ich versuchte zuerst das Bild, welches ich vor Augen hatte, oder besser gesagt fühlte, zu Papier zu bringen. Das gelang mir jedoch nur bedingt, da der dreidimensionale Verlauf der Linien wichtig zu sein schien. Also nahm ich ein Stück Draht zur Hand und versuchte, meinen Gedanken aufs Neue Ausdruck zu verschaffen. Und es gelang mir! Nach einigen Fehlversuchen hielt ich endlich eine Form in Händen, welche ziemlich genau dem entsprach, was sich mir mitteilte. Es ist mit Worten ein wenig schwer zu beschreiben wie die Form aussah. Sie ähnelte in etwa einem dreidimensionalen, kleinen Schreibschrift-x oder dem kleine dänische ä. Der Name, den ich dafür erhielt, war "Der Keim".

Begeistert über die neue Erkenntnis versuchte ich das ganze mit dem Kopf zu erfassen. In dieser Form war so viel enthalten. Sie zeigte, wie der Energiefluss der Elemente einen in sich geschlossenen Kreislauf bildet. Eine Schwingung ähnlich den elektromagnetischen Wellen. Und der Schatten, den diese Form an die Wand warf, sah einem vierblättrigen Kleeblatt zum verwechseln ähnlich.

Aha, dachte ich, sollte dies etwa der Ursprung der Geschichte des glückbringenden, vierblättrigen Kleeblatts sein? Ich ließ das so im Raum stehen und hoffte, noch einige Hinweise zu bekommen.

Auf der Fahrt nach Ulm sinnierten meine Frau und ich noch ein wenig über die Sache mit den Spatzen. Wo war der Zusammenhang zum Keim? Es ging um Ernte und Neuaussaat. Es ging darum, im Fluss zu Leben, nicht festzuhalten an den Dingen, sondern das Vorhandene zum Wohle aller einzusetzen und für sich nur das Nötige zu nehmen. In etwa so, wie ein Bauer einen Teil des geernteten Korns für sich und die Neuaussaat aufbewahrt, während er den Rest verkauft.

Geht es im Leben darum, die Ressourcen, die uns allen zur Verfügung stehen, im Fluss zu halten, damit sie jedem dienlich sein können? Ein Bauer würde zum Beispiel nie auf die Idee kommen, sein Korn über Jahre hinweg zu horten, sondern säht es jedes Jahr aufs neue aus, im Vertrauen darauf, dass die Ernte gut werden wird.

So offensichtlich wie beim Beispiel mit dem Korn ist die Sache jedoch nicht immer. Während bei Naturalien deren Verderb der ewigen Aufbewahrung einen Riegel vorschiebt, ist es bei so alltäglichen Dingen wie Geld eher umgekehrt. Durch Zinsen animiert, neigen wir dazu, den Rohstoff Geld zu horten und ihn damit dem Wirtschaftskreislauf zu entziehen.

Würde der Bauer sein überschüssiges Korn nicht verkaufen, sondern auf Ewigkeiten konservieren, wovon würden dann die anderen Leute leben? Das Leben ist ein stetiges Geben und Nehmen. Wir sind alle teil einer großen Gemeinschaft und jeder von uns erfüllt darin einen wichtigen Zweck.

In Ulm angekommen, erwartete uns dort kaltes, regnerisches Wetter und es wurde schon dunkel. Dennoch suchten wir entschlossen das Münster auf und ließen uns von unserem Gefühl leiten.
Die Stimmung, die von dem gewaltigen Turm des Münsters ausging, war wie das Wetter. Dunkel und schwer. Es war, als würde der Turm gleich einer Antenne die Energie aus seinem Umfeld einfangen und ableiten.
Wozu das wohl gut sein mag?
Wir gingen um das Münster herum und fanden an einer Seitenwand zwei Ornamente, die etwas stilisiert tatsächlich den Keim zeigten, den ich am morgen mühevoll konstruiert hatte.
Das Ornament zeigte den Keim in zwei zweidimensionalen Bildern und stellte die beiden Komponenten als männliche und weibliche Seite dar. Das Wissen um den Keim scheint offensichtlich schon einmal da gewesen und dann wohl in Vergessenheit geraten zu sein. Oder besser gesagt: wie beim Spiel „Stille Post" wurde die eigentliche Information im Laufe der Zeit immer weiter verwässert, bis zum Schluss nur noch die Sache mit dem Glücksklee übrig blieb.

Der Keim ist das eigentliche Glückssymbol. Er verkörpert Ernte und Neuaussaat gleichermaßen und den stetigen Fluss der Ressourcen. Er lehrt uns, wie wichtig es ist, die Gesetze des Lebens zu erkennen und nach ihnen zu handeln. Nur so kann für einen selbst und für alle anderen ein Leben im Fluss und Überfluss entstehen.

Tag 7

Das Mysterium der 13

Die Lehre des Keims war faszinierend und noch erstaunlicher fand ich dessen allgegenwärtige Präsenz. Die stilisierte Form des vierblättrigen Kleeblatts war ein gern benutztes Muster. Ob die Steinmetze damals wussten, was sie da erschufen?

Das neue Jahr stand vor der Tür und wir waren am ersten Tag des Elements Wasser angelangt. Die Farbe des Tages war grün, die Farbe der Hoffnung.

Wasser steht oft für Emotionen, für die weibliche, mysteriöse Seite in uns. Wasser unterliegt der Kraft des Mondes, was sich in den Gezeiten widerspiegelt. Wasser ist Leben. Ohne Wasser kann kein Leben existieren. Das Wasser ist das Bindeglied zwischen den Elementen Feuer und Erde. Im Wasser vereinen sich die Bewegung des Feuers und die Struktur der Erde. Wasser ist dadurch ein universeller Kanal und Speicher für Information und Emotion.
Der bekannte Forscher Dr. Masaru Emoto konnte dies sogar in diversen Versuchsreihen durch die Kristallisationsmuster von gefrorenem Wasser veranschaulichen.
Wasser speichert unsere Gedanken und Emotionen und es hilft uns dabei, uns von unerwünschten Dingen zu befreien. So wie im alltäglichen Leben Wasser als Medium für die Reinigung von Dingen verwendet wird, ob beim Bodenwischen, Geschirrspülen oder Duschen, so dient es auch im spirituellen Sinn der Aufnahme und dem Abtransport von nicht mehr benötigten Strukturen und Emotionen.

Altes loslassen und Gutes erneuern, heißt das Motto, welches wir uns beim Übergang in das neue Jahr zu Herzen nehmen sollten.
So wie der Bauer nur gutes Saatgut für die Neuaussaat verwendet, sollten auch wir nur Dinge mit in das neue Jahr nehmen, die uns dienlich sind und alten Ballast loslassen, indem wir uns selbst und unseren Mitmenschen vergeben.

Die guten ins Töpfchen, die schlechten ins Kröpfchen, so wusste es schon das Aschenbrödel und wurde zur Prinzessin.

Der mit den guten Wünschen für das neue Jahr gerne verschenkte Glücksklee als Sinnbild für den Keim und die Neuaussaat ist daher nur in Verbindung mit dem Symbol des Marienkäfers sinnvoll. Der Marienkäfer steht für Gnade und Vergebung und hilft, die für uns nicht mehr dienlichen Emotionen loszulassen und die darin gebundene Energie für neues und nützliches verfügbar zu machen.
Dies ist auch das Mysterium der 13. Die 13 sollte eigentlich wie der vierblättrige Klee als Glückszahl gesehen werden. Sie steht nämlich ebenfalls für die Neuaussaat.
Nach dem Durchlaufen der 12 Schritte eines Zyklus beginnt mit der 13 der neue Zyklus. Hat man sich aller unerwünschten Dinge entledigt und nimmt nur die nützlichen Dinge mit in den neuen Zyklus, so hat man auch nichts zu befürchten. Sät man allerdings die Saat des Unkrautes mit aus, so hat man im nächsten Zyklus umsomehr Mühe, damit seine Ernte zu sichern.

Die gestrige Fahrt nach Ulm gab uns neben dem Besuch des Ulmer Münsters auch Gelegenheit, eine alte Sache zwischen uns und einem Bekannten zu klären, die schon länger im Raum stand und beide Seiten nur unnötig belastete.
Es ist immens wichtig, Dinge, die einen belasten, zu klären, um diese abhaken zu können. Ansonsten entspringt diesen gleich einer nicht beachteten Ecke im Garten nur Unkraut, welches sich unkontrolliert vermehrt und mit der Zeit ein schier undurchdringbares Dickicht bildet. Das Element Wasser hilft uns bei der Reinigung auf allen Ebenen.
Unserem Gefühl folgend verbrachten wir den Abend grösstenteils damit, unser Haus aufzuräumen und zu reinigen. Wir entfernten alte Dinge aus den Räumen, die wir nur noch aus Gewohnheit dort stehen, die jedoch keine Bedeutung mehr für uns hatten, reinigten die Böden mit

Quellwasser und haben zu guter letzt alle Räume geräuchert. Wir haben auch einen großen Sack alter Kleidung und Schuhe aus unseren Schränken entfernt und zur Kleidersammlung gegeben.

All dies schien eine Art Ritual zu sein. Denn als ich die alten Dingen in die Hand nahm, um sie zu entsorgen, kamen auch immer die damit in Verbindung stehenden Erinnerungen und Gefühle in mir auf, welche ich durch die Entsorgung der Gegenstände gleichsam loslies und die darin gebundene Energie für mich befreite. Es fühlte sich richtig gut an. Es war, als könnte ich plötzlich leichter atmen.

Als wir unseren vorgezogenen Frühjahrsputz beendet hatten, schlossen wir dieses Ritual noch damit ab, dass wir uns körperlich und spirituell reinigten, um nur die besten Dinge mit ins neue Jahr zu nehmen.

Tag 8

Einen Schneemann kann man nicht umarmen

Das Element Wasser erteilt uns Lektionen in Sachen Emotionen. Und mit den Emotionen ist das so eine Sache.

Wir sind einem ständigen Informationsfluss ausgesetzt, der in uns Emotionen hervorruft. Darüber hinaus nehmen wir bewusst oder unbewusst auch die Emotionen unseres Umfeldes wahr, die von Menschen, Tieren, Pflanzen und Dingen ausgestrahlt werden.
Gleiches zieht Gleiches an und so brauchen wir nicht verwundert sein, wenn wir nur schlechtgelaunten Leuten begegnen und uns nichts so richtig gelingen mag, wenn wir einen Tag griesgrämig begehen.
Umso wichtiger ist es, das neue Jahr mit positiven Gedanken und mit Freude in Empfang zu nehmen.

Es war der Neujahrstag und die Farbe des Tages war grünblau wie der indische Ozean.
Den gestrigen Tag verbrachten wir damit, unnötigen Ballast abzuwerfen, indem wir uns von Dingen trennten, die wir nicht mehr benötigten. Doch wie steht es um die Dinge, an denen wir hängen? Was ist es, das diese Dinge für uns so lebenswichtig erscheinen lässt? Sind es wirklich die Dinge, die uns wichtig sind oder sind es die Emotionen, die wir mit diesen Dingen in Verbindung bringen?
An jedem Ding, das uns wichtig erscheint, ist ein Stück unserer Energie gebunden gleich einem kleinen glimmenden Lämpchen, das ständig mit Strom versorgt werden will.
Lösen wir die emotionale Bindung zu den Dingen, so befreien wir die Energie, welche uns dann anderweitig zur Verfügung steht. Wir neigen dazu, Erlebnisse konservieren zu wollen, sei es durch Fotos, Videos oder Andenken, die wir uns zuhause ins Regal stellen. Diese erinnern uns zwar an das Erlebte und wecken Emotionen in uns, können uns die Situation jedoch nicht ein zweites Mal erleben lassen.
In Wahrheit sind es die Emotionen der Ereignisse, an denen wir hängen und welche wir gerne festhalten würden. Doch

Emotionen sind Bewegung und verblassen, sobald wir versuchen, sie festzuhalten.

Alles ist im stetigen Fluss und es ist an uns zu erkennen, dass wir durch die emotionale Bindung an Dinge nur unnötig unsere Energie verschwenden.

"Einen Schneemann kann man nicht umarmen" war das Motto, welches sich mir den ganzen Tag aufdrängte. So wie der Schneemann ob der warmherzigen Umarmung schmilzt, so zerrinnt uns die Emotion, die wir versuchen festzuhalten.

Haben Sie schon einmal versucht, etwas wegzuwerfen oder zu verschenken, an dem Sie sehr hingen? Es fällt einem schwer, ja tut fast schon weh, aber wenn man es endlich geschafft hat, fühlt man sich befreit und merkt, wie unwichtig die ganzen, kleinen Dinge sind, mit denen man sich jeden Tag umgibt.

Eine der Lektionen des Tages bestand in folgendem: ich hatte ein Kästchen mit Fotos gefunden, die mir einmal sehr wichtig waren, von denen ich jedoch dachte, sie seien bei einem Umzug verloren gegangen. Ich hatte mich ursprünglich schon mit dem Gedanken abgefunden, dass diese Fotos für immer verloren seien und freute mich riesig, als ich nun dieses Kästchen zufällig wiederfand. Doch beim Betrachten der Fotos fiel mir auf, dass es nicht mehr dasselbe war wie früher, wenn ich diese Fotos betrachtete. Etwas hatte sich verändert. Ich hatte mich verändert, oder besser gesagt, meine Beziehung zu den Fotos. Indem ich akzeptiert hatte, dass die Fotos für immer verschwunden sind, habe ich meine emotionale Bindung zu ihnen getrennt, wodurch diese plötzlich zu gewöhnlichen Bildern wurden, die ich betrachten konnten, ohne das sie mir noch sonderlich viel bedeuteten. Ich konnte den Unterschied deutlich spüren und war überrascht. Es war fast so, als wären die Bilder früher lebendig gewesen und jetzt einfach nur tote Materie.

Wir sind es mit unseren Gedanken und Emotionen, die den Dingen, die uns wichtig sind, Leben einhauchen und diese am Leben erhalten. Deshalb ist es wichtig, gelegentlich zu prüfen, welche Dinge wir tatsächlich weiter mit unserer Lebensenergie versorgen wollen und auf welche wir getrost verzichten können.

Schlimm ist das schon bei positiven Erinnerungen. Verheerend wir das ganze jedoch bei Souvenirs, die uns an negative Ereignisse erinnern. Denken Sie zum Beispiel an das Foto eines lieben Verstorbenen. Denken Sie bei der Betrachtung des Bildes wirklich an die schönen Zeiten, die Sie mit dieser Person erlebt haben oder fühlen Sie sich jedesmal aufs Neue mit dem Verlust konfrontiert, den Sie erlitten haben? Versuchen Sie doch mal, das Bild für einige Zeit von seinem angestammten Platz zu entfernen und sehen Sie, was passiert, wenn Sie es danach wieder betrachten. Sie haben den Menschen, den Sie verloren haben, deshalb nicht weniger lieb. Sie haben lediglich die emotionale Bindung zu seinem Bildnis abgeschwächt. Damit haben Sie aber auch der verstorbenen Person einen großen Gefallen getan, denn Sie haben sie dorthin gehen lassen, wo sie nun hingehört.

Stille Wasser sind tief, ist ein beliebtes Sprichwort, das man dann verwendet, wenn man eine Aussage über die Gefühlswelt eines insichgekehrten Menschen treffen möchte. Jedoch sind nicht alle tiefen Gewässer still, wie uns die Farbe des Tages mit Bezug auf den Ozean lehren möchte.

Der emotionale Ozean kann still sein, doch kann er einem zum Verhängnis werden, wenn Sturm aufkommt und man sein Boot nicht regelmäßig inspiziert hat.

Tag 9

Die Erlösung

Wir sind am letzten Tag des Elements Wasser angelangt und die Farbe des Tages ist Himmelblau.

Schon gestern hat uns die Beziehung zu unseren lieben Verstorbenen beschäftigt. Doch heute sollte dies das Hauptthema sein. Starker Tobak. Ein gerne verdrängtes Thema. Wer beschäftigt sich schon gerne mit dem Tod?
Doch ist der Tod fester Bestandteil unseres Lebens. Menschen und Tiere, die uns auf dem Lebensweg begleiteten, sind gestorben und auch wir werden irgendwann einmal von dieser Welt gehen. Wie stehen wir dazu und insbesondere wie gedenken wir unserer Ahnen? Beschäftigen wir uns überhaupt mit ihnen oder verdrängen wir das ganze einfach aus unserem Leben.
Kaum ein Thema ist mit so vielen, so intensiven Emotionen beladen wie der Tod. Und niemand kann einem sagen, wie man für sich am besten damit umgeht.

Nicht jedoch der Tod, sondern vielmehr die Erlösung sollte das Motto des heutigen Tages sein. Worum geht es bei der Erlösung? Betrachten wir das Thema des gestrigen Tages und verstehen, wie wir unbewusst eine emotionale Bindung zu Gegenständen aufbauen, so können wir erahnen, wie es um die emotionale Bindung zu Personen steht.
Das schöne an diesen emotionalen Bindungen ist, dass diese einen geschlossenen Energiekreislauf bilden, wenn zwei Personen Liebe füreinander empfinden. Es ist ein Geben und Nehmen. Und wie das schöne Sprichwort es schon sagt, ist Liebe die einzige Sache auf Erden, welche mehr wird, wenn man sie teilt.
Stirbt ein Mensch, so stirbt zuerst nur sein materieller Körper. Alle anderen Körper wie der Emotional-, der Mental- oder der Kausalkörper bleiben nach dem Tod fürs erste erhalten.
Die emotionale Bindung an Personen oder Gegenstände wirken für diese noch verbleibenden Körper wie Ketten, welche diese an die materielle Welt gebunden halten. Diese

hindern die Seele daran, zur Quelle zurückzukehren und sich erneut zu inkarnieren.

Die Erlösung für die Seele besteht dabei im liebevollen Loslassen und Vergeben von beiden Seiten. Insbesondere Hass und Groll Personen gegenüber oder die starke Fixierung auf materielle Besitztümer wirken für einen Verstorbenen wie Betonklötze, die ihn auf Erden halten.

Wir als Hinterbliebene können unsere Verstorbenen dahingehend unterstützen, dass wir mit ihnen in stillen Dialog treten, um all die Dinge auszusprechen und zu klären, die zu Lebzeiten unausgesprochen geblieben sind.

Auch kann es passieren, dass wir zum Beispiel durch einen Wohnungswechsel plötzlich mit Verstorbenen zu tun haben, die wir zu Lebzeiten gar nicht kannten. Diese versuchen sich auf verschiedenen Wegen mitzuteilen und haben oft nur einen kleinen Wunsch, mit dessen Erfüllung sie den Verstorbenen Erlösung schenken können. Häufig es nur eine kleine Botschaft an die Hinterbliebenen.

Bei mir war es so, dass sich ein britischer Pilot aus dem zweiten Weltkrieg intensiv mitgeteilt hat, der damals vor unserem Haus auf grausame Weise umgebracht wurde. Für ihn bestand die Erlösung darin, dass eine Gedenktafel an unserem Haus angebracht wurde, damit seine Geschichte und das Unrecht, welches ihm widerfahren war, nicht in Vergessenheit gerät.

Unsere ganze Welt ist voll von diesen armen, erdgebundenen Seelen und wir tun gut daran, diese beim Loslassen zu unterstützen.

Wir selbst können für unseren Abschied von diesem Leben Vorsorge treffen, indem wir uns schon zu Lebzeiten klar machen, dass alles vergänglich ist und wir nichts von unseren materiellen Gütern mitnehmen können.

Auch sollten Streitigkeiten mit Personen nicht ewig aufrechterhalten werden, sondern zeitig nach einer für beide Seiten akzeptablen Lösung gesucht werden. Dies hilft uns praktischerweise nicht nur dabei, leichter zu sterben, sondern bereitet uns darüberhinaus ein weitaus angenehmeres Leben.

Leider kann auch die starke Liebe zu einer Person zum Wurfanker werden, wenn man zu sehr an ihr klammert und nicht loslassen kann. Deshalb müssen wir, auch wenn es schmerzt, lernen, in Liebe loszulassen. So wie wir unsere Kinder in ihr Leben entlassen, wenn sie flügge geworden sind, so müssen wir unsere Verstorbenen loslassen, wenn die Zeit dafür gekommen ist.

Puh, das war ein Tag mit wirklich schwerer Kost.
Das Element Wasser hat uns an seinem Übergang zum Element Luft gelehrt wie es ist, wenn die Energie beginnt, ihren Aggregatzustand zu wechseln und beim Wechselspiel aus Struktur und Bewegung die Bewegung langsam wieder Oberhand gewinnt. Aus Wasser wird Luft. Und auf unser Leben bezogen ist dieser Übergang der Tod. Doch nach dem Tod geht es weiter, denn alles ist ein immerwährender Kreislauf. Das Element Luft wird uns dies noch lehren.

Entgegen meiner Planung einer ruhigen Weihnachtszeit erhielten wir heute einen Anruf von dem Cousin meiner Frau. Schon seit Monaten versuchten wir ein Wochenende zu finden, an dem wir ihn besuchen können. Doch da er Steward bei einer Fluggesellschaft ist, war es recht schwer, einen für beide Seiten passenden Termin zu finden. Jetzt hatte er überraschend ein paar Tage zusammenhängend frei bekommen und lud uns kurzfristig ein, ihn zu besuchen. Also sollte es schon morgen, passend zum Element Luft mit dem Flugzeug nach Wien gehen.

Tag 10

Durch den Wind

Willkommen im Element Luft, bitte stellen Sie das Rauchen ein und legen Sie Ihre Sicherheitsgurte an. Es wird turbulent werden.

Meine Tagesform war gelinde gesagt bescheiden. Die gestrige Beschäftigung mit den Toten scheint mir auf den Magen geschlagen zu sein. Zudem hatte ich sehr wenig geschlafen.
Das Element Wasser hatte zum Abschied eine sehr spezielle Lektion für uns parat und führte uns in der letzten Nacht zu einem alten verlassenen Sanatorium, in dessen Umfeld es uns die Vielzahl von Erdgebundenen Seelen erspüren lies. Mittels eine kleinen Zeremonie taten wir unser Bestes um die dort verstorbenen auf dem Weg ins Licht zu geleiten. Es war ein wenig so als würde man sich einem Rudel kleiner, von Ihrer Mutter verlassener Welpen annehmen, welche dankbar um jede Zuwendung die Hilfe annahmen, die wir Ihnen anboten.

Ich fühlte mich - passend zum Tagesmotto - richtig gehend durch den Wind und auch in der Tagesfarbe blau-lila spiegelte sich meine Verfassung oder genauer gesagt, die Farbe meiner Augenränder wieder.
Mir war überhaupt nicht Wohl bei dem Gedanken in diesem Zustand auch noch fliegen zu müssen. Voller Zuversicht packte ich mir jedoch die nötigen Mittelchen in unsere Reiseapotheke bevor wir die kurzfristig angesetzte Reise nach Wien antraten.

"Hast Du Wien schon bei Nacht gesehen?" ging es mir immer wieder durch den Kopf. Und ich hoffte inständig dass uns noch so eine Lektion wie die gestrige erspart bleiben würde.

Der Flug war angenehm und dauerte nur eine knappe Stunde. Es war schön sich auf diese Art mit dem Element Luft zu verbinden, die Welt von oben zu betrachten, über

den Wolken zu fliegen und die zum Glück nur sehr schwachen Turbulenzen zu spüren.
Luft ist Freiheit stellte ich fest.

Am frühen Abend kamen wir in Wien an und wurden am Flughafen vom Cousin meiner Frau herzlichst in Empfang genommen. Es war schon eine Weile her, dass ich das letzte mal in Wien war, doch das wundervolle Flair der Stadt war immer noch das Selbe.
Ich freute mich schon auf den Besuch des einen oder anderen Kaffeehauses und darauf ein wenig durch die Stadt zu bummeln. Aber ich hatte da so einen Verdacht, dass auf unserem Reiseplan nicht unbedingt die üblichen Touristen Aktionen stehen würden.
An der Rezeption unseres Hotels angekommen strahlte mich auch schon ein Flyer mit dem Titel an, welcher mich schon den ganzen Tag über verfolgte:
Hast Du Wien schon bei Nacht gesehen?
Und dann fiel mir auch ein, woher ich diesen Satz kannte.
Es war der Titel eines Liedes von Falko.
„Schon wieder ein Toter“, dachte ich.
Aber nicht nur irgendein Toter, sondern dieses mal ein toter Musiker. Und von diesen gibt es in Wien eine ganze Menge. Auf dem Wiener Friedhof liegen neben Falko unter anderem auch die berühmten Komponisten, Beethoven und Schubert.
Das Thema Tod scheint uns wohl noch nicht loszulassen.
Wir haben gestern gelernt, dass der Übergang vom Element Wasser in das Element Luft auf unser Leben bezogen der Tod ist, aber was passiert dann?
Was sind die Charaktereigenschaften des Elements Luft?
Es ist Bewegung, es ist Ausdehnung, es ist Zerstreuung.
Und genau das passiert nach dem Übergang in das Element Luft. Das Bewusstsein beginnt allmählich sich wieder aufzulösen und zur Quelle zurückzukehren um sich danach von neuem wieder in der Materie bewusst werden zu können. Es ist ein immerwährender Kreislauf.

Das Element Luft in seiner Reinform ist Bewegung ohne Bewusstsein. Es ist der Archetyp der Zeit in unserer Dimension und das Gegenstück zu Gott als purem Bewusstsein. Es dauerte Lange, bis ich diese Puzzle-stückchen zusammengesetzt hatte, doch es war eindeutig und absolut plausibel. Was sich uns da gerade darbot war die Aufschlüsselung der Genesis in Ihrer wahren Bedeutung.
Ich war sprachlos!
Es würde den Rahmen dieses Buches sprengen all dies
in Worte zu fassen, doch ich möchte versuchen hier
die Essenz des ganzen wiederzugeben.

Gott ist pures Bewusstsein konzentriert an einem Punkt, bewegungslos.
"Gott schwebte über dem Wasser" sollte besser heißen
"Gott spiegelte sich"

Dadurch entsteht das Gegenteil dessen was Gott ist.
Pure Bewegung, ohne Bewusstsein, die Zeit.
Oder im Paradies auch die Schlange genannt.
Dieses sind die beiden Grundarchetypen von allem was ist.
Alpha und Omega, Licht und Schatten, Yin und Yang.
Aus diesen beiden Grundarchetypen entstehen zwei
Mischformen oder besser ausgedrückt zwei Projektionen,
die zum einen Teil Gott und zum anderen Teil Zeit sind.
Für diese stehen in der Bibel Adam und Eva.
Somit haben wir die Urform der vier Elemente in der Bibel.
Auf unsere Dimension übertragen ist die Zuordnung wie folgt:

Gott ist die Urform des Elements Feuer.
Die Zeit ist die Urform des Elements Luft.
Adam ist die Urform des Elements Erde.
Eva die Urform des Elements Wasser.

Der Baum der Erkenntnis steht für unsere Dimension

in der wir uns immer und immer wieder inkarnieren, um Erfahrungen zu sammeln wodurch sich Gott seiner selbst und all seinen Facetten bewusst wird.

Der heilige Gral ist Sinnbild für die Begrenzungen, welche wir in unserem Leben Erfahren und innerhalb welcher wir die unterschiedlichsten Emotionen erleben können, um diese gleichsam in uns aufnehmen.

Könnten wir Angst erleben, wenn wir um unsere unsterbliche Seele wüssten?
Könnten wir Mangel erleben, wenn wir um unsere unbegrenzten Möglichkeiten wüssten?
Könnten wir Sehnsucht nach etwas erleben, wenn wir wüssten dass wir es schon immer hatten?

Keine dieser Erfahrungen wäre ohne die Begrenzungen unseres menschlichen Daseins möglich.
Es muss die Nacht geben, damit der Tag erfahrbar ist. Es muss die Kälte geben, damit Wärme zu Wohlbehagen wird. Und es muss den Tod geben, damit das Leben einen Wert bekommt.

WOW!

Durch den Wind und seine Grundform die Zeit wird unser ganzes irdisches Dasein erst möglich.

Das Element Luft hat uns zur Begrüßung in die alten Mysterien eingeweiht. Schade, dass dieses Wissen mit der Zeit in Vergessenheit geraten ist. Es steht zwar alles in der Bibel, doch wird diese leider zu wörtlich genommen. Es sind alles nur Metaphern und es geht viel mehr und die Beziehung der Dinge zueinander, als um die Dort verwendeten Bilder.

Es müsste eigentlich immer heißen "so ähnlich wie", damit einem klar wird, dass man das geschriebene noch deuten muss. Sicherlich sind durch die Übersetzungen auch viele Dinge verwässert worden, da der Übersetzter nichts von der eigentlichen Materien wusste. Denken Sie nur mal and die schrecklich übersetzten chinesischen Gebrauchsanleitungen zu unseren Technischen-Geräten, dann haben Sie in etwa eine Vorstellung wie es um die Bibel steht.

Absolut überwältigt von der Erkenntnis des Tages saßen wir noch zusammen und aßen Sushi in einem original japanischen, Wiener Restaurant.
Ob das als eine Bestätigung für die heikle Bibelübersetzung zu sehen war lasse ich mal offen.

Wir überlegten uns, was wir am morgigen Tage so alles unternehmen könnten und beschlossen dass das erste Ziel unserer Sightseeing Tour der Wiener Zentralfriedhof und Falkos Grab sein sollte.

Tag 11

Musik liegt in der Luft

Wien ist eindeutig die Stadt des Windes und vor allem die Stadt der Musik. In Wien begegnete uns überall das Luftsymbol in Form des Wirbels. In den festlich geschmückten Strassen, in alten Ornamenten und auf dem Friedhof. Dieser sollte auch unser erstes Ausflugsziel werden. Fast schon ein eigener Stadtteil, ist der Zentralfriedhof Wiens durchaus einen Besuch wert. Die monumentalen Gräber und auch die Tatsache, dass dort viele Berühmtheiten ihre letzte Ruhestätte gefunden haben, gaben unserem Besuch irgendwie Bedeutung.

Der Friedhof ist wirklich riesig und wir hatten trotz ausgedrucktem Lageplan Mühe, Falcos Ruhestätte zu finden. Ein Hinweis auf dem Pfosten eines Wegweisers half uns dann aber auf die Sprünge.

Es gibt ja bekanntlich Erd-, Feuer- und Seebestattungen. Und in Wien habe ich zum ersten Mal ein Grab gesehen, welches unter der Kategorie Luftbestattung laufen könnte. Es war eine Art Sarkophag, der in luftiger Höhe auf einer Pergola schwebte. Wien und das Thema Luft scheinen untrennbar miteinander verbunden zu sein.

Endlich standen wir an Falcos Grab und legten eine Blüte nieder. Wir hielten inne und lauschten, ob sich uns etwas mitteilen würde. Es dauerte nicht lange und mir schwirrte ein Satz durch den Kopf: Wir haben uns in diesem Leben nicht gekannt, doch wir sind seelenverwandt.

Ok, dachte ich, ich war jetzt nicht unbedingt ein großer Falco-Fan, doch hatten mich einige seiner Lieder fasziniert und auch sein jäher Tod hat mich eine Weile beschäftigt. Was mir das sagen wollte, wusste ich zu dem Zeitpunkt aber noch nicht.

Gestern lernten wir, dass die Zeit die Urform des Elementes Luft ist und Luft ist das Medium, der Träger der Musik.

Jeder Mensch, unabhängig von Alter, Geschlecht oder Herkunft kann die Stimmung eines Musikstücks wahrnehmen. Jeder weiß intuitiv, ob ein Musikstück traurig oder fröhlich ist, ohne dass man es zuvor gelernt oder anderweitig Maßstäbe dafür anerzogen bekommen hätte.

Musik liegt in der Luft und Emotionen liegen in der Musik. Die Musik ist Ausdrucksform von Emotionen. Jeder Komponist könnte ein Lied davon singen. Der Ursprung der schönsten Lieder ist eine intensive, emotionale Erfahrung ihrer Schöpfer. In der Musik lassen sich Emotionen abbilden und auf diese Weise konservieren. Nicht nur derjenige, der das Stück geschrieben hat, kann diese nachempfinden, sondern auch jeder andere, der das Stück hört.

Doch das Element Luft und seine Ausdrucksform, die Musik, lehren uns noch mehr. Sie zeigen uns den Aufbau von allem, was ist.

Wir haben gelernt, dass alles ein Kreislauf ist, ein Kreislauf durch die vier Elemente. Doch die vier Elemente bilden nur die Basis für die Erfahrungen, die wir auf dieser Welt machen können. Sie bilden die Bühne für das Theaterstück. Doch der eigentliche Inhalt des Theaterstücks sind die Emotionen.

Unsere Tonleiter besteht aus sieben unterschiedlichen Tönen und aus diesen wenigen Tönen sind die schönsten Kompositionen gebaut.

In der Traditionellen Chinesischen Medizin finden wir die sieben Emotionen beschrieben, aus welchen unser Leben komponiert ist. Diese sind dort wie folgt benannt: Ärger, Angst, Freude, Trauer, Unterdrückung, Grübeln und Schrecken

Im Periodensystem der Elemente sehen wir, dass die Atome nach dem dort beschriebenen Modell bis zu sieben Elektronenhüllen besitzen und die Art des Atoms von der Anzahl der darin enthaltenen Elektronen bestimmt wird.

So viele Gemeinsamkeiten und überall existieren sieben verschiedenen Zustände. In der Theorie des Global Scalings wird bereits versucht, alles unter einen Hut zu bekommen, wird versucht zu erklären, was wirklich der Ursprung aller Dinge ist. Alles scheint eine Art Musikstück zu sein, alles ist Schwingung.

Auf der atomaren Ebene ist ein Atom eine Partitur, eine Tonfolge, welche sich immer wiederholt ähnlich einem Mantra. Ein Molekül wäre demnach eine Art Orchester. Das Wassermolekül H2O hätte dann zwei Musiker, welche die Melodie von Wasserstoff spielen und einen, der die Melodie von Sauerstoff spielt. Zusammen ergibt das die Komposition von Wasser.

Auch unser Leben ist eine Art Partitur. Wir erleben Emotionen und bilden dadurch unsere eigene Melodie, welche im Zusammenspiel mit unseren Mitmenschen zur Komposition wird.

In der Bibel ist die Bühne für das Theaterstück symbolisch als der Heilige Gral dargestellt, welcher das Blut Christi, den Wein, in sich aufnimmt. Christus hat der Bibel nach Wasser zu Wein werden lassen. Das Element Wasser steht für Emotionen und ist zuerst klar, frei von Emotionen. Es symbolisiert den unerfahrenen Gott. Die Erfahrungen auf Erden, all die Emotionen, all das vermeintliche Leid, nimmt Jesu in sich auf und das vormals klare Wasser wird, voll von Emotionen, zum symbolischen, schweren roten Wein. Gott hat durch die Begrenzungen auf Erden Emotionen erfahren. Er ist zum erfahrenen Gott geworden.

Das Kreuz symbolisiert den Lebensweg auf Erden, und das Blut ist die Essenz aller Erfahrungen, aller Emotionen welche ein Mensch in seinem Leben gemacht hat. Sein Körper stirbt auf Erden, doch die Essenz seiner Erfahrungen geht ins Göttliche über.

Da haben wir nun plötzlich die Bestandteile von allem, was ist. Es sind die vier Elemente und die sieben Emotionen. Die Farbe des heutigen Tages war Lila, die Farbe der Transformation, die letzte Farbe auf dem Weg zurück zur Quelle.

Und was ist das Ende vom Lied?

Morgen wird uns das Element Luft die Summe aller Dinge vorstellen: das fünfte Element, auch Spirit oder einfach nur Liebe genannt.

Tag 12

Aller Dinge Anfang ist ein Ende

Laut Stundenplan sind wir heute am letzten Tag unserer Reise angelangt. Es war der letzte Tag im Element Luft und die Farbe des Tages war weiß, die Summe aller Farben.

Ich wollte den Tag damit beginnen, den Stefansdom zu besuchen, doch habe ich bei der Fahrt mit der U-Bahn die Haltestelle verpasst und bin zu spät ausgestiegen. Ein wenig orientierungslos habe ich die Gegend um die U-Bahn-Station herum erkundet, an der ich fälschlicherweise ausgestiegen bin. Ich entdeckte einige hundert Meter weiter eine Kirche, die ich mir näher ansah. Es war die Karmeliterkirche und die Heilige Messe begann gerade von Glockengeläut begleitet, als ich an einem der Altäre eine Kerze entzündete.

Ich nahm Platz und verfolgte aufmerksam die Predigt, an deren Ende ich die Heilige Kommunion, den Leib und das Blut Christi in Form von Brot und Wein in Empfang nahm. Nach den Lektionen der letzten beiden Tage interpretierte ich die Worte des Pfarrers anders als sonst.

Dies ist mein Leib, der für euch hingegeben wird, nehmet und esset alle davon. Dies ist mein Blut, das für euch und für alle vergossen wird zur Vergebung der Sünden. Tut dies zu meinem Gedächtnis.

Ich habe mich früher immer gefragt, wozu dieses kannibalistisch angehauchte Ritual? Was wollen uns die Worte wirklich sagen?

Mir ging immerzu der Satz durch den Kopf: Haben wir nur etwas gelernt oder haben wir etwas in uns verändert?

Worin liegt der Unterschied?

Es geht um die Verinnerlichung der Lehre. Es bringt nichts, etwas zu lernen und dann nach seinen alten Mustern weiterzuleben. Das Gelernte muss gelebt werden, um zu wirken. Nur dann erfüllt die Lehre ihren Zweck und wird weiter verbreitet.

Gerührt von der Zeremonie, die ich schon als Abschluss unserer 12 Heiligen-Nächte-Tour ansah, besuchte ich danach noch den Stefansdom und erklomm die 343 Stufen des Nordturms.

Auf dem Weg zurück zum Hotel kam ich am Rand des Domplatzes an dem Schaufenster eines Juweliers vorbei, in dem mich eine Perle anstrahlte. Auch diese nahm ich als Zeichen dafür, dass wir unser Ziel erreicht hatten. Aus dem Regenbogenobsidian vom Anfang der Reise ist nun symbolisch eine Perle geworden.

Der Cousin meiner Frau holte uns am Abend im Hotel ab, da wir bei ihm zuhause zu Abend essen wollten. Auf der Fahrt zum Wiener Vorort, indem er wohnte, begann es heftig zu schneien und bis wir bei ihm zuhause ankamen, waren die Strassen schon schneebedeckt. Als wir sein neu eingerichtetes Haus betraten, staunte ich nicht schlecht, denn alles war in weiß gehalten. Weißer Teppich, weiße Wände, weiße Möbel.

Ich grinste wieder mal in mich hinein, als mir die Sache klar wurde. Den ganzen Tag über habe ich mir Gedanken darüber gemacht, wie man der Farbe Weiß und dem Element Luft zum Abschluss eine Ehre erweisen könnte. Wo in Wien wäre der passende Ort? Jetzt hatten wir ihn gefunden:

Das weiße Haus des Cousins meiner Frau, der Flugbegleiter bei einer österreichischen Fluggesellschaft ist.

In seinem weißen Bücherregal war ein kleiner Platz frei, an den ich unser Mitbringsel setzte. Den weißen Spatzen, den wir am Bodensee geschenkt bekommen hatten. Ich war mir sicher, da gehörte er hin.

Alles passte an diesem Tag zusammen und bildete in einer Art theatralischem Grande Finale den Abschluss unserer 12-Tage-Weihnachtstour, die ich im nachhinein auch gerne mit einem Augenzwinkern als Ochsentour bezeichne. Doch der Name, der sich uns dafür mitteilte, war "Die Schule der 12 Heiligen Nächte". Da ahnte ich, worauf das alles hinausführen würde.

Da waren wir nun zwölf Tage unterwegs wie getrieben. Haben uns führen lassen und unserer inneren Stimme gelauscht. Haben Zeichen gedeutet und das eine oder andere Ritual veranstaltet, um zu lernen, was hinter den Dingen unserer Welt steht und was diese am laufen hält. Es ist das fünfte Element, die Summe der vier Elemente Feuer, Erde, Wasser und Luft. Das fünfte Element wird oft als Spirit bezeichnet, doch kann man es auch einfach mit dem Wort *Liebe* benennen.

Es ist so einfach wie Atmen, zu erkennen, dass die Liebe die Antriebskraft für alles ist. Ein neues Menschenleben entspringt der Liebe zweier Menschen zueinender und kaum sind wir geboren, sind wir auf der Suche nach Liebe. Zuerst nach der Liebe unserer Eltern, dann nach der ersten großen Liebe und dem Partner fürs Leben. Die Liebe ist die Anziehungskraft zwischen Menschen und im übertragenen Sinne auch für die Elemente. Die Liebe ist es, welche die Wandlung der Elemente von Feuer nach Erde, von Erde nach Wasser und von Wasser nach Luft bewirkt. Alles ist Liebe und ohne Liebe wäre alles nichts. Der Kreislauf der Elemente schließt sich, indem sich das Bewusstsein vollständig in Liebe auflöst, um danach von neuem wiedergeboren zu werden. Denn aller Dinge Anfang ist ein Ende.

Die 12 Heiligen Nächten haben uns durch die vier Elemente und die sieben Farben des Regenbogens geführt. Sie haben uns geführt vom Feuer des Bewusstseins zum Feuer der Liebe, welches die Welt in ihrem Kern zusammenhält. Die Liebe ist der Ursprung aller Dinge und gleichzeitig ihre Bestimmung.

Ich möchte die *Schule der 12 Heiligen Nächte* mit einem Zitat aus dem Film "Im Juli" abschließen, das sehr treffend ausdrückt, wozu die Liebe uns befähigt:

Ich bin tausende von Meilen gegangen. Ich habe Flüsse überquert, Berge versetzt. Ich habe gelitten und ich habe Qualen über mich ergehen lassen. Ich habe der Versuchung widerstanden und ich bin der Sonne gefolgt, um dir gegenüber stehen zu können und dir zu sagen:
Ich liebe dich!

Der folgende Teil dieses Buches ist für Ihre persönlichen 12 Heiligen Nächte reserviert. Nehmen Sie ein wenig Abstand und beobachten Sie die Ereignisse jedes Tages und jeder Nacht aus einiger Distanz, so als würden Sie die Geschehnisse in einem Buch lesen. Suchen Sie nach Zusammenhängen und lassen Sie sich inspirieren, was Ihnen das Schauspiel wohl sagen möchte.

Werfen Sie alle Ernsthaftigkeit und allen Groll für einige Tage über Bord. Lassen Sie sich vom Licht der Liebe und der kindlichen Freude durch die Untiefen des Lebens lotsen. Seien Sie offen für Ihr Bauchgefühl und folgen Sie diesem bedingungslos. Trauen Sie sich! Was haben Sie schon zu verlieren? Es ist Weihnachten und alles erstrahlt ein wenig heller in dieser Zeit. Die Menschen sind freundlich zueinander und feiern das Fest im Kreise ihrer Familien. Es ist die beste Basis für ein Experiment dieser Art.

Schreiben Sie die Dinge auf, die Ihnen sonderbar erscheinen und versuchen Sie, jedem der Tage ein Motto zu geben. Was war die große Überschrift des Tages? Was wollte Sie der Tag lehren?

Schauen Sie sich all Ihre Notizen am Heiligen Dreikönigstag an und versuchen Sie, den großen Plan hinter den Geschehnissen zu verstehen. Es ist Ihr Leben, das zu Ihnen spricht und die Botschaft ist immer die Antwort auf eine Frage, die Sie schon lange beschäftigt.

Ich wünsche Ihnen eine besinnliche und vor allem erkenntnisreiche Weihnachtszeit und würde mich freuen, wenn Sie Ihre Erlebnisse auf www.magicast.de mit mir und anderen teilen würden.

Ihr
Daniel Lindstedt

Tag 1

25. Dezember

Element: Feuer
Farbe: rot

Motto: _______________________________

Tag 2

26. Dezember

Element: Feuer
Farbe:　　rot-orange

Motto: ___________________________

____

____

____

____

____

____

____

____

____

____

Tag 3

27. Dezember

Element: Feuer
Farbe: orange

Motto: ___________________________

____

Tag 4

28. Dezember

Element: Erde
Farbe: orange-gelb

Motto: _______________________________

Tag 5
29. Dezember

Element: Erde
Farbe: gelb

Motto: _______________________________

____

Tag 6

30. Dezember

Element: Erde
Farbe: gelb-grün

Motto: _______________________________

Tag 7

31. Dezember

Element: Wasser
Farbe: grün

Motto: _______________________________

____

____

____

____

____

____

____

____

____

____

____

Tag 8

1. Januar

Element: Wasser
Farbe: grün-blau

Motto: ___________________________________

____

____

____

____

____

____

____

____

____

____

Tag 9

2. Januar

Element: Wasser
Farbe: blau

Motto: _______________________________

____

____

____

____

____

____

____

____

____

____

Tag 10

3. Januar

Element: Luft
Farbe: blau-lila

Motto: _______________________________

____

Tag 11

4. Januar

Element: Luft
Farbe: lila

Motto: _______________________________

____

____

____

____

____

____

____

____

____

____

____

Tag 12

5. Januar

Element: Spirit
Farbe: weiß

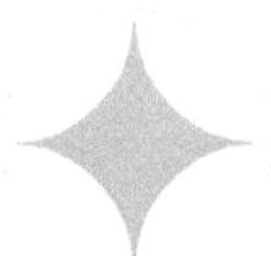

Motto: _______________________________

Jetzt neu!

Die Meditationen der 12 Heiligen Nächte geben Ihnen die Möglichkeit sich mit den Energien der einzelnen Tage zu verbinden und die Zeit der Rauhnächte wie nie zuvor zu erleben. Die Energien erscheinen uns als Farben, die wir mit allen Sinnen erleben und in uns aufnehmen können. Dies ist der Weg ins Land hinter dem Regenbogen, in dem wir uns wieder dessen bewusst werden, was wir wirklich sind.

Der Lyrische
Adventskalender

mit 24 Gedichten von Andrea Lindstedt

Mit dem Lyrischen Adventskalender wird ein jeder Tag zum Gedicht. 24 gefühlvolle Gedichte von Andrea Lindstedt versüßen Ihnen die Adventszeit auf kalorienarme Weise. Pure Poesie um sich selbst oder seine Lieben zu beschenken.